D1732545

Waldemar Grab

Segenswünsche zum Geburtstag

Der Herr ist mein Hirte

johannis

Ich danke dir, mein Gott, ich bin wieder ein Jahr älter geworden! Noch geht's ja, aber Herr, du weißt, dass ich mit jedem zusätzlichen Jahr nicht mehr ganz so flott über die Mauern springen kann. Ich vergesse es manchmal.

Ich danke dir, mein Gott, dass so viele Freunde daran gedacht haben. Für all die guten Worte und Segenswünsche. Ich freue mich riesig, dass ich auf dieser Erde einen Platz habe. Sein darf!

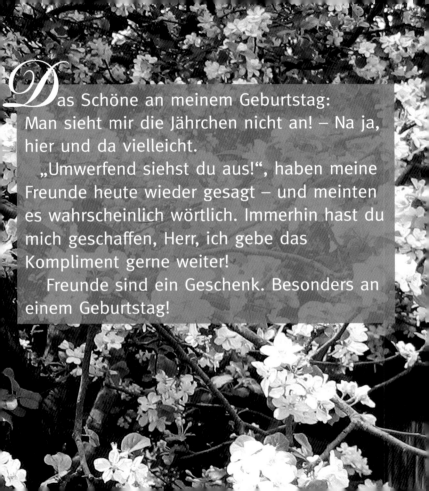

Das Schöne an meinem Geburtstag: Man sieht mir die Jährchen nicht an! – Na ja, hier und da vielleicht.

„Umwerfend siehst du aus!", haben meine Freunde heute wieder gesagt – und meinten es wahrscheinlich wörtlich. Immerhin hast du mich geschaffen, Herr, ich gebe das Kompliment gerne weiter!

Freunde sind ein Geschenk. Besonders an einem Geburtstag!

War denn heute wirklich der ...

... tatsächlich, das Datum stimmt. Ich hätte es ja auch nicht mehr verschieben können. Seit heute Morgen ging es hier zu wie im Taubenschlag. Tja, und nun sitze ich hier wieder, schaue mir all die Kärtchen, Büchlein und Geschenke an.

365 Tage haben sich an 365 Tage gereiht. Zigtausend Mal. Und jeder Tag, tatsächlich jeder, war irgendwie anders.

Die Zeit fliegt nur so dahin und ich habe oft nicht darüber nachgedacht. Aber heute weiß ich mehr denn je, dass meine Zeit vollkommen in deinen Händen steht, Herr.

*Meine Zeit steht in deinen Händen
und jede Stunde unter deiner Wacht.
Allzu oft nur, lasse ich mich blenden und
stürze ungefragt in jede Schlacht.*

*Meine Zeit steht in deinen Händen –
und mein Leben unter deiner Macht.*

*Hilf, dass ich lerne, mich davon zu trennen,
was mich so oft von dir hat weggebracht.*[1]

Meine Zeit steht in deinen Händen,
tausend Jahre sind für dich ein Tag!
So rasend schnell kann sich alles wenden,
so schnell, dass ich es kaum vermag.
Meine Zeit steht in deinen Händen und
dieser Tag, den du mir heute gibst, den will
ich gern und gut vollenden,
denn, Herr, ich weiß, dass du mich wirklich
liebst. [2]

*W*ie in einem Film läuft mein Leben vor mir ab, jetzt, wo es wieder still geworden ist im Haus.

Ein Leben, wie auf einem Ozean, so habe ich mich manchmal gefühlt. Auf und nieder mit dem Dampfer, immer wieder ein Ritt auf den Wellen. Rein in den Orkan, raus aus dem Orkan. Langweilig war es nie.

Ich danke dir, Herr, dass du das Schiff immer wieder auch in einen „Ententeich der Ruhe" hast segeln lassen. Wo ich Kraft schöpfen und das Leben genießen durfte!

Du hast immer genau gewusst, wann es mir an Ruhe mangelte – oder ich in die

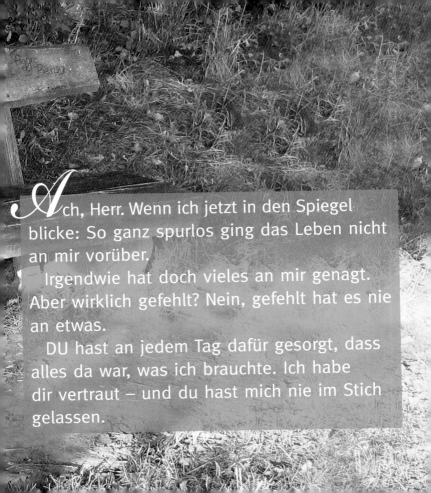

Ach, Herr. Wenn ich jetzt in den Spiegel blicke: So ganz spurlos ging das Leben nicht an mir vorüber.

Irgendwie hat doch vieles an mir genagt. Aber wirklich gefehlt? Nein, gefehlt hat es nie an etwas.

DU hast an jedem Tag dafür gesorgt, dass alles da war, was ich brauchte. Ich habe dir vertraut – und du hast mich nie im Stich gelassen.

*A*ch, Herr, und meine Hände. Auch sie sind ein Jahr älter geworden.

Was habe ich mit ihnen nicht schon alles angefasst und weggeworfen, Telefonnummern gewählt, Briefe geschrieben – ja, und manchmal sogar mit dem Zeigefinger auf Menschen gezeigt, während Mittelfinger, Ringfinger und kleiner Finger auf mich gerichtet waren ...[3]

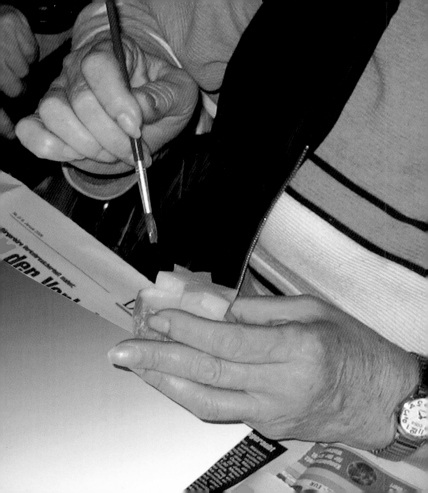

*M*eine Hände, Herr. Wie viel Geld haben sie wohl gezählt im Leben – und wie viel davon unnütz ausgegeben?

Wie oft habe ich mit ihnen gestreichelt, getröstet, getragen oder sogar fallen gelassen?

Wie viele Brote habe ich letztendlich mit ihnen geteilt – und wie viele Scheiben habe ich mit meinen Händen vertrocknet weggeworfen?[4]

Herr! Am liebsten möchte ich sie heute gefaltet lassen, an diesem neuen und besonderen Tag, damit er ein einziges Dankgebet für dich wird!

*E*s ist ein *Wunder,* dass ich noch lebe,
gesund bin und mich so freuen darf.
Ja, ein *Wunder!* Mein Gott, ich danke dir,
für all die Bewahrung!
Die Gäste haben mir heute eine riesige
Geburtstagtorte mitgebracht. Ich solle die
Kerzen auspusten, sagten sie. Da hätte
die Puste beinahe nicht gereicht.
Wunderkerzen lassen sich nicht ausblasen.

*M*anchmal, Herr, blieb mir im Leben
regelrecht der Atem stocken, wenn ich
spürte, wie du mich bewahrt hast. Wenn ich
gerade mal wieder einen *Seelenkäsekuchen*
backte oder *Gedankenkängurus* springen ließ.
Irgendwie stand ich mir oft selbst im Weg.

*W*enn ich ehrlich bin, brauchte ich
mich auf meinem Lebensweg immer nur kurz
umzudrehen – und dann sah ich dich.
Du hattest die ganze Herde im Blick. Und
irgendwie hatte ich dabei immer das Gefühl,
dass du MICH dabei anschaust.

Und wenn ich nach vorne sah, auf den
Platz, wo ich hinsteuerte, dann warst du
auch dort schon da und blicktest zu mir.

Du warst mir immer Hirte, gütiger Gott,
egal wo ich hinging.

Der Herr ist mein Hirte...
Wie gut, dass es nicht heißt: *„Du warst mein Hirte"* oder *„wirst mein Hirte sein"*!
Ich genieße es, dass du besonders heute, an meinem Geburtstag, mein persönlicher *Hirte* bist.

Und dass du mich immer wieder ganz klar und deutlich bei meinem Namen rufst.
Ich erkenne deine Stimme, Herr, und sie war, wenn ich zurückdenke, immer gerecht.
Mir werde es an nichts mangeln, hast du immer wieder gesagt und so war es dann auch.

Das macht mich glücklich – und beschämt mich zugleich. Hatte ich doch oft genug meine Zweifel.

*D*ass du mein Hirte bist, Herr, das nehme
ich ganz persönlich, denn ich war wirklich,
mit Verlaub, oft genug ein *Schaf.*
Obwohl deine Stimme mich rief, musste
ich hier noch ein wenig grasen und dort noch
ein wenig gucken, hier etwas trinken und
dort in die Dornenbüsche springen. Bis mich
deine überall gegenwärtigen Worte,
den Hirtenhunden gleich, in die Kniekehlen
meiner Seele zwickten.

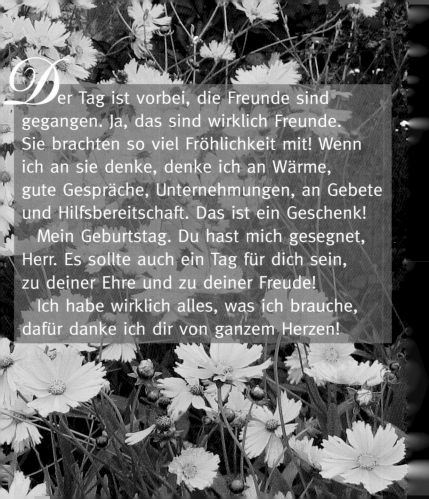

Der Tag ist vorbei, die Freunde sind gegangen. Ja, das sind wirklich Freunde. Sie brachten so viel Fröhlichkeit mit! Wenn ich an sie denke, denke ich an Wärme, gute Gespräche, Unternehmungen, an Gebete und Hilfsbereitschaft. Das ist ein Geschenk!

Mein Geburtstag. Du hast mich gesegnet, Herr. Es sollte auch ein Tag für dich sein, zu deiner Ehre und zu deiner Freude!

Ich habe wirklich alles, was ich brauche, dafür danke ich dir von ganzem Herzen!

Psalm 23

Der Herr ist mein Hirte, mir wird nichts
mangeln.

Er weidet mich auf einer grünen Aue und
führet mich zum frischen Wasser.

Er erquicket meine Seele. Er führet mich
auf rechter Straße um seines Namens willen.

Und ob ich schon wanderte im finstern
Tal, fürchte ich kein Unglück; denn du bist bei
mir, dein Stecken und Stab trösten mich.

Du bereitest vor mir einen Tisch im Ange-
sicht meiner Feinde. Du salbest mein Haupt
mit Öl und schenkest mir voll ein.

Gutes und Barmherzigkeit werden mir folgen
mein Leben lang, und ich werde bleiben im
Hause des Herrn immerdar.

Bildnachweis:

Umschlag und Innenseiten:
Horst Klatt

Quellennachweis:

[1+2] Meine Zeit ...", aus: W. Grab,
„Mit dem Traumschiff um die Welt", Lieder CD,
Johannis-Verlag, Lahr, © Hoffnungsträger e. V.

[3+4] „Ach, Herr ...", aus W. Grab,
„Wenn die Himmel sich verneigen", Lieder CD,
Johannis-Verlag, Lahr, © Hoffnungsträger e. V.

Bibliografische Information der Deutschen Nationalbibliothek

Die Deutsche Nationalbibliothek verzeichnet diese Publikation
in der Deutschen Nationalbibliothek;
detaillierte bibliografische Daten sind im Internet über
http://dnb.d.nb.de abrufbar.

ISBN 978-3-501-06261-6

Bestell-Nr. 06261
© 2009 by Johannis-Verlag, Abt. der St.-Johannis-Druckerei
C. Schweickhardt GmbH, Lahr/Schwarzwald
Gestaltung Horst Klatt, Bielefeld
Gesamtherstellung: St.-Johannis-Druckerei
C. Schweickhardt GmbH, Lahr/Schwarzwald
Printed in Germany

www.johannis-verlag.de